PLANETA AN...

EL LÉMUR

POR VALERIE BODDEN

CREATIVE EDUCATION • CREATIVE PAPERBACKS

Publicado por Creative Education
y Creative Paperbacks
P.O. Box 227, Mankato, Minnesota 56002
Creative Education y Creative Paperbacks son marcas
editoriales de The Creative Company
www.thecreativecompany.us

Diseño de The Design Lab
Producción de Rachel Klimpel
Dirección de arte de Rita Marshall
Traducción de TRAVOD, www.travod.com

Fotografías de Alamy Alain Poirot, Barbara Ash,
E.D. Torial, John Warburton-Lee Photography, Nature
Picture Library, Panther Media GmbH, Paul Thompson
Images, travelib prime), Getty (Darrell Gulin, Martin
Harvey/Digital Vision), iStock (GlobalP, IJdema), Shut-
terstock (Destinyweddingstudio, Dudarev Mikhail, Eric
Isselee, Rich Lindie, zahorec)

Library of Congress Cataloging-in-Publication Data
Names: Bodden, Valerie, author.
Title: El lémur / by Valerie Bodden.
Other titles: Lemurs. Spanish
Description: Mankato, Minnesota: Creative Education
and Creative Paperbacks, 2023. | Series: Planeta
animal | Includes index. | Audience: Ages 6–9 |
Audience: Grades 2–3 | Summary: "Elementary-aged
readers will discover lemurs of all sizes. Full color im-
ages and clear explanations highlight the habitat, diet,
and lifestyle of these fascinating creatures"—Provided
by publisher.
Identifiers: LCCN 2022007724 (print) | LCCN
2022007725 (ebook) | ISBN 9781640265882
(library binding) | ISBN 9781682771433 (paperback)
| ISBN 9781640007079 (ebook)
Subjects: LCSH: Lemurs—Juvenile literature.
Classification: LCC QL737.P95 B6318 2023 (print)
| LCC QL737.P95 (ebook) | DDC 599.8/3--dc23/
eng/20220314

Tabla de contenidos

El sifaca de Coquerel (derecha) es famoso por sus saltos.

El lémur es un **primate**. Es pariente de los mono y simios. Hay más de 100 tipos de lémures. Casi todos los lémures viven en los árboles.

primates mamíferos (animales que tienen pelo o pelaje y alimentan a sus bebés con leche) con manos prensiles y un cerebro grande; la mayoría de los primates viven en árboles

La mayoría de los lémures tienen cuerpos delgados, y colas y extremidades largas. Fuertes patas traseras los ayudan a saltar. Manos y pies acolchados les facilitan trepar a los árboles. El pelaje del lémur puede ser negro, blanco, gris, rojo, o del color café.

Los lémures de collar rojo se llaman así por el pelo rojo que rodea sus caras oscuras.

¡LOS lémures ratón son tan pequeños que podrían caber en tu mano! El lémur indri es el más grande. Puede medir casi tres pies (0,9 m) de largo. Llega a pesar hasta 22 libras (10 kg).

Desde el lémur ratón (arriba) hasta el indri (derecha), los lémures tienen toda una gama de tamaños.

África

Gran parte de Madagascar solía tener bosques que fueron talados para sembrar.

Los lémures solo viven en Madagascar y las Comoras. Estas son islas en la **costa** este de África. Algunos lémures viven en las selvas tropicales. A otros les gustan los bosques secos. Algunos viven en árboles, en las montañas.

costa tierra junto al mar

Los sifacas diademados (derecha) disfrutan comiendo frutas, semillas, hojas y flores.

Muchos lémures sólo comen frutas, hojas y nueces. Algunos también comen **insectos**. Otros comen pequeños animales como ranas y polluelos.

insectos animales pequeños con el cuerpo dividido en tres partes y seis patas

La madre mordisquea a sus crías para que se bajen de ella.

La mayoría de las madres da a luz de una a tres **crías** a la vez. Al principio, la cría se aferra al vientre de su madre. Después de unas semanas, se sube a su espalda. Una cría de cinco meses ya puede trepar a los árboles y buscar su propia comida.

crías lémures bebés

Algunos lémures están activos durante el día. Otros, prefieren estarlo por la noche. La mayoría de los lémures viven en grupos llamados tropas. Cada tropa es liderada por una hembra. ¡Una tropa puede ser muy ruidosa! Los lémures emiten quejidos, gruñen, maúllan y gorjean.

Los lémures de collar blanco y negro (arriba) y los lémures de cola anillada (derecha) están activos durante el día.

El segundo dedo del pie del lémur tiene una garra especial, más larga, para acicalarse.

Los lémures pasan gran parte de su tiempo en los árboles. Saltan de un árbol a otro buscando alimento. Se acurrucan juntos para dormir en los árboles. Se sientan en las ramas para **acicalarse** entre sí.

acicalarse limpiarse el pelaje para quitarse la suciedad y los bichos

Pocas personas consiguen ver lémures en estado salvaje. Muchas han visto a los lémures en dibujos animados, películas y programas de televisión. Otras los han visto en la vida real, en los zoológicos. ¡A la gente le gusta ver saltar a estos primates de cola larga!

Depende de quienes viven en Madagascar ayudar a los lémures salvajes a sobrevivir.

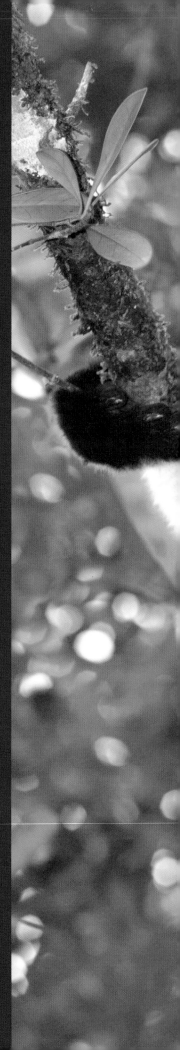

Un cuento del lémur

En Madagascar, la gente contaba una historia sobre el origen de los lémures. Culparon a un hombre de un crimen que no cometió. Este corrió hacia la selva, pero la gente lo persiguió. Los espíritus de la selva querían salvar a este hombre. Así que lo convirtieron en un indri (en la imagen). El indri fue el primer lémur. Se convirtió en el abuelo de todos los lémures.